TARIF

N° 21
(NOUVELLE SÉRIE.

DES DROITS D'OCTROI DE PARIS

ET

DES DROITS D'ENTRÉE

PERÇUS

AU PROFIT DU TRÉSOR PUBLIC

PARIS

IMPRIMERIE NATIONALE

OCTOBRE 1919

N° 21
NOUVELLE SÉRIE.

TARIF

DES DROITS D'OCTROI DE PARIS

ET

DES DROITS D'ENTRÉE

PERÇUS

AU PROFIT DU TRÉSOR PUBLIC.

MODIFICATIONS

apportées par le présent tarif au tarif n° 20.

Page 3.   — 2° Disposition réglementaire.

— 4 et 5. — Article 9.

— 13.   —   —   33.

NOTA. Toute perception supérieure à 50 centimes est surmontée du coût du timbre de quittance (10 centimes) perçu au profit du Trésor (art. 243 de la loi du 28 avril 1816 et décision ministérielle du 4 mai 1881).

NUMÉROS DES ARTICLES.	DATES DES LOIS, DÉCRETS, ETC., approuvant les droits		DÉSIGNATION DES OBJETS ASSUJETTIS AUX DROITS.	UNITÉ sur laquelle portent les droits.	DROITS D'OCTROI en principal.	DEUX DÉCIMES.	DROITS D'OCTROI, décimes compris. (Col. 6 et 7.)	DROITS DE CONSOMMATION perçus au profit du Trésor en principal.	DEUX DÉCIMES et demi.	DROITS de CONSOMMATION perçus au profit du Trésor, décimes compris. (Col. 9 et 10.)	TOTAL des deux DROITS, décimes compris. (Col. 8 et 11.)	DISPOSITIONS RÉGLEMENTAIRES.
1	d'octroi. 2	du Trésor. 3	4	5	6	7	8	9	10	11	12	13
					fr. c.	fr. c.	fr. c.	fr. c.	fr. c.	fr. c.	fr. c.	
							LIQUIDES. (Suite.)					
9	D. 7 mars 1878. D. 2 août 1916. Prorogation.	L. 17 juill. 1875. L. 29 juin 1918.	Vinaigres contenant 8 p. o/o d'acide acétique et au-dessous (disp^ons régl^res n°s 10, 11, 12, col. 13)	Hectol	15 00	(A) 3 00	18 00	12 00	3 00	15 00	33 00	11 — Les acétates de toute nature, les acides pyroligneux bruts ou épurés, les pyrolignites et toute autre substance ou liquide pouvant servir à la fabrication des vinaigres ou des acides acétiques, seront imposés en proportion de la quantité d'acide acétique qu'ils pourront produire. (D. du 3 novembre 1855.) Toutefois, la taxe ne sera pas applicable à celles de ces matières qui, destinées à d'autres industries, seront mises en entrepôt fictif et dont l'emploi serait régulièrement constaté par le service de l'octroi. (D. du 7 mars 1878.)
			de 9 à 12 p. o/o d'acide acétique (disp^ous régl^res n°s 10, 11, 12, col. 13)	Idem.	22 50	(A) 4 50	27 00	18 00	4 50	22 50	49 50	
			de 13 à 16 p. o/o d'acide acétique disp^ous régl^res n°s 10, 11, 12, col. 13	Idem.	30 00	(A) 6 00	30 00	24 00	6 00	30 00	66 00	
			17 à 30 p. o/o d'acide acétique (disp^ous régl^res n°s 10, 11 col. 13)	Idem.	56 25	(A) 11 25	67 50	45 00	11 25	56 25	123 75	
			31 à 40 p. o/o d'acide acétique (disp^ons régl^res n°s 10, 11, col. 13)	Idem.	75 00	(A) 15 00	90 00	60 00	15 00	75 00	165 00	
			plus de 40 p. o/o d'acide acétique disp^ons régl^res n°s 10, 11, col. 13	Idem.	150 00	(A) 30 00	180 00	126 00	31 50	157 50	337 50	
			Acide acétique cristallisable ou à l'état solide (disp^ons régl^res n°s 10, 11, col. 13)	100 k.	187 50	(A) 37 50	225 00	150 00	37 50	187 50	412 50	
10	D. 7 mars 1878. D. 2 août 1916. Prorogation.	"	Fruits et conserves au vinaigre, verjus, sureau, hièble en fruits ou en jus, vins gâtés et lies liquides ou épaisses (disp^ons régl^re n° 12, col. 13)	Hectol	10 00	(A) 2 00	12 00	"	"	"	"	12 — Les fruits et conserves à l'huile ou au vinaigre, avec ou sans liquide, sont imposés sur leur poids ou volume total. (D. du 3 novembre 1855 et 28 juillet 1874.) Toute lie qui n'est pas dans un état de siccité complète est passible du droit.

NOTA. — Les numéros figurant à la suite du texte des articles (col. 4) indiquent les dispositions réglementaires (col. 13) qui s'y rapportent.

(A) Deux décimes. (Voir p. 33.)

NUMÉROS DES ARTICLES.	DATES des LOIS, DÉCRETS, ETC., approuvant les droits d'octroi.	DÉSIGNATION DES OBJETS ASSUJETTIS AUX DROITS.	UNITÉ sur LAQUELLE portent les droits.	DROITS D'OCTROI.	DÉCIMES.	DROITS D'OCTROI, décimes compris. (Col. 5 et 6.)	DISPOSITIONS RÉGLEMENTAIRES.
1	2	3	4	5	6	7	8
				fr. c.	fr. c.	fr. c.	
		LIQUIDES. (Suite.)					
10 bis	D. 19 déc. 1906. / D. 2 août 1916. / Prorogation.	Moutardes préparées au vinaigre, à l'eau ou à tout autre liquide............	100 kilog.	10 00	"	10 00	
		Moutardes en grains..................	Idem.	15 00	"	15 00	
		Moutardes en poudre.................	Idem.	19 00	"	19 00	
		Moutardes en farine.................	Idem.	22 50	"	22 50	
11	"	(Voir page 35.)	"	"	"	"	
12	"	(Idem.)	"	"	"	"	**12 bis.** Les raisins frais de table expédiés en grande vitesse à Paris sont exempts de la taxe d'octroi (article 11 de la loi du 6 août 1905). L'exemption de ladite taxe est étendue à ceux des raisins de l'espèce arrivant à Paris autrement qu'en grande vitesse, sous la condition qu'ils soient en colis n'en contenant pas plus de 12 kilogrammes. (Art. 68 de la loi du 17 avril 1906.)
13	"	(Idem.)	"	"	"	"	**13.** Le droit est dû à l'entrée sur les huiles de toute espèce, quel que soit leur emploi. (Décret du 5 juillet 1865.)
13 bis	"	(Idem.)	"	"	"	"	**14.** Les huiles et substances désignées ci-contre, cuites, altérées ou mélangées avec d'autres substances, sont soumises aux droits pour leur volume entier et sont assujetties au droit le plus élevé des huiles qui entrent dans leur composition. Il n'est fait aucune déduction pour fèces, sédiments ou pieds d'huile. (Décret du 5 juillet 1865.)
14	D. 3 nov. 1855. / D. 2 août 1916. / Prorogation.	Chasselas, muscat et autres raisins non foulés de toute espèce (disp^on régl^re n° 12 bis, col. 8)...............	100 kilog.	4 80	(A) 0 96	5 76	
14 bis	D. 6 août 1887. / D. 2 août 1916. / Prorogation.	Raisins secs...................	Idem.	31 86	"	31 86	**15.** Les graines oléagineuses, les farines en provenant, sont soumises aux droits d'après la quantité d'huile qu'elles sont présumées contenir et qui sera déterminée par l'Administration de l'octroi, sous l'approbation du préfet. (Décret du 5 juillet 1855.)
15	D. 28 juillet 1874. / L. 5 août 1874. / L. 30 mars 1896.	Fruits et conserves à l'huile, huiles parfumées de toute espèce (disp^ons régl^res n°s 12, 13, 14, col. 8). (Voir aussi article 8.)..................	Idem.	49 83	"	(1)49 83	**16.** Les tourteaux de ces mêmes graines, qui ne seraient pas dans un état complet de dessiccation, seront assujettis aux droits dans la proportion de l'huile qu'ils contiendront (56 bis).
16	D. 28 juillet 1874. / L. 5 août 1874. / L. 30 mars 1896. / L. 30 juillet 1913.	Huiles de toutes espèces provenant de substances animales ou végétales; huiles animales sortant des abattoirs (disp^ons régl^res n°s 13, 14, 15, 16, 17, 20, col. 8). (Voir aussi article 8.).	Idem.	27 54	"	(2)27 54	**17.** Les pieds de bœuf ou de vache provenant de l'extérieur ou sortant des abattoirs de Paris sont assujettis au droit des huiles, dans la proportion d'un litre d'huile (ou 915 grammes) pour dix pieds. La même disposition est applicable aux pieds de mouton dans la proportion d'un litre d'huile (ou 915 grammes) pour cent soixante pieds, et, pour les pieds de cheval, dans la proportion d'un litre d'huile (ou 915 grammes) pour vingt pieds. (Décret du 5 juillet 1865.)

NOTA. — Les numéros figurant à la suite du texte des articles (col. 3) indiquent les dispositions réglementaires (col. 8) qui s'y rapportent.

(A) 2 décimes. (Voir page 33.)
(1) Voir à l'article 8, colonne 10, pour les droits du Trésor.
(2) Même observation.

NUMÉROS DES ARTICLES.	DATES des DÉCRETS ET ARRÊTÉS, approuvant les droits d'octroi.	DÉSIGNATION DES OBJETS ASSUJETTIS AUX DROITS.	UNITÉ sur LAQUELLE portent les droits.	DROITS D'OCTROI.	DÉCIMES.	DROITS D'OCTROI, décimes compris. (Col. 5 et 6.)		DISPOSITIONS RÉGLEMENTAIRES.
1	2	3	4	5	6	7		8
				fr. c.	fr. c.	fr. c.		
		AUTRES LIQUIDES. (*Suite.*)						
17	D. 28 juillet 1874. D. 22 déc. 1895.	Huiles et essences minérales (dispⁿˢ réglˢ nˢ 20, 21, col. 8)........	Hectolitre.	18 00	(в) 1 80	19 80		
18	Arrêté du gouvernement du 17 juin 1848. D. 19 déc. 1906. (D. 2 août 1916. Prorogation.)	Vernis de toute espèce autres que ceux à l'alcool imposable (dispⁿ réglʳ n° 18, col. 8)................	Idem.	21 60	"	21 60	18	Les vernis, les dégras et autres produits désignés aux articles 18 et 19, qui contiennent plus de la moitié de leur volume en huile, acide oléique ou toutes autres substances désignées au tarif, sont imposés en entier au droit le plus élevé. (Décret du 14 avril 1906.)
19	D. 28 juillet 1874. D. 14 avril 1906. (D. 2 août 1916. Prorogation.)	Blanc de zinc et autres couleurs contenant de l'huile, de l'acide oléique ou toutes autres substances désignées au tarif; dégras de toute espèce, graisse ou mélanges pouvant être employés comme dégras ou pour le graissage des machines; fèces, pieds d'huile et autres résidus d'huile (dispⁿˢ réglˢ nˢ 18, 19, 21, col. 8 et 2ᵉ dispⁿ générale page 33)................	Idem.	11 40	"	11 40	19	Les mastics sont imposés d'après la quantité d'huile qu'ils contiennent. Il en est de même des cirages contenant plus de 6 p. o/o d'huile. Tout blanc de céruse dont la teneur en huile, acide oléique ou toutes autres substances désignées au tarif, excède 11 p. 100 du poids est imposé pour son poids total au droit le plus élevé. (Décret du 14 avril 1906.)
19 bis	D. 22 nov. 1897. (D. 2 août 1916. Prorogation.)	Blanc de céruse contenant de l'huile, de l'acide oléique ou toutes autres substances désignées au tarif (dispⁿ réglʳ n° 19, col. 8)................	100 kilog.	3 00	"	3 00	20	Les feutres, cuirs, laines et autres objets quelconques, traités ou préparés à l'alcool ou à l'huile, qui laisseraient échapper de ces liquides, ou dont il serait possible de les extraire, seront imposés en raison de la quantité qu'ils en contiendront. (Décret du 5 juillet 1865.)
20	D. 5 juillet 1865. (D. 11 mai 1911.) (D. 2 août 1916. Prorogation.)	Essence de térébenthine et toutes essences végétales (dispⁿ réglʳ n° 21, col. 8)................	Hectolitre.	10 20	"	10 20	21	Toute substance désignée dans l'article ci-contre, cuite, altérée ou mélangée, est taxée comme essence pure. (Décret du 5 juillet 1865. Voir aussi 2ᵉ disposition générale du Tarif, p. 33.)
20 bis	D. 5 juillet 1865. (D. 11 mai 1911.) (D. 2 août 1916. Prorogation.)	Benzols et tous produits liquides assimilables à l'essence autres que ceux prévus aux articles 17 et 20 (dispⁿ réglʳ n° 21, col. 8)................	Idem.	15 20	"	15 20		
21	D. 5 juillet 1865. (D. 2 août 1916. Prorogation.)	Goudrons liquides à l'état brut et liquides provenant de la distillation des goudrons, non assimilables à l'essence..	100 kilog.	0 60	(A) 0 12	0 72		

(A) 2 décimes. (Voir page 33.)
(в) 1 décime. (Voir page 33.)

COMESTIBLES.

NUMÉROS DES ARTICLES.	DATES des DÉCRETS ET ARRÊTÉS, approuvant les droits d'octroi.	DÉSIGNATION DES OBJETS ASSUJETTIS AUX DROITS.	UNITÉ sur LAQUELLE portent les droits.	DROITS D'OCTROI en principal.	DÉCIMES.	DROITS D'OCTROI, décimes compris. (Col. 5 et 6.)	NUMÉROS	DISPOSITIONS RÉGLEMENTAIRES.
1	2	3	4	5	6	7		8
				fr. c.	fr. c.	fr. c.		
22	D. 3 nov. 1855. A. du G. 17 juin 1848	Viande de bœuf, vache, veau, mouton, agneau, bouc et chèvre sortant des abattoirs de la ville de Paris (disp^{ons} régl^{res} n°s 22, 23, col. 8).........	100 kilog.	8 85	(B) 0 885	9 735	22	Aucune déduction n'est faite sur le poids des animaux abattus de toute espèce, pour la peau qui y serait encore adhérente, ni pour les abats et issues qui n'en auraient point été séparés. (Décret du 3 novembre 1855.)
23	D. 3 nov. 1855. A. du G. 17 juin 1848	Les mêmes viandes venant de l'extérieur, fraîches ou salées, dites *viandes à la main* (disp^{ons} régl^{res} n°s 22, 23, col. 8).	Idem.	10 55	(B) 1 055	11 605	23	Les langues de bœuf ou de vache payent comme viande ; on en évalue le poids lorsqu'elles tiennent encore à la tête. Les cervelles et rognons des mêmes animaux, les foies, ris et cervelles de veau et les rognons de mouton, détachés des issues, payent également comme viande. (Décret du 3 novembre 1855.)
24	....	(*Voir page 35.*)					24	Le droit de la viande de boucherie à la main et celui des porcs abattus sont dus, conformément à l'article 36 de l'ordonnance du 9 décembre 1814, sur les animaux nés dans l'intérieur, ainsi que sur ceux entrés vivants sous consignation et abattus exceptionnellement hors des abattoirs publics. (Décret du 3 novembre 1855.)
25	D. 3 nov. 1855. A. du G. 17 juin 1848	Porcs abattus, viande dépecée fraîche provenant de ces animaux, graisses, gras de porc et ratis fondus ou non, sortant des abattoirs de la ville de Paris (disp^{on} régl^{re} n° 22, col. 8)....	Idem.	8 85	(B) 0 885	9 735		
26	D. 3 nov. 1855. A. du G. 17 juin 1848	Les mêmes viandes et graisses comestibles de toute nature venant de l'extérieur, lards salés et petit salé de porc (disp^{on} régl^{re} n° 22, col. 8)....	Idem.	10 55	(B) 1 055	11 605		
27	D. 3 nov. 1855. A. du G. 17 juin 1848	Saucissons, jambons, viandes fumées de toute espèce et toute charcuterie....	Idem.	20 70	(B) 2 07	22 77		
28	....	(*Voir page 35.*)						
29	D. 30 nov. 1872. D. 2 août 1916. Prorogation.	Truffes, pâtés et terrines truffés, volaille et gibier truffés...............	Idem.	120 00	(A) 24 00	144 00		
30	D. 30 nov. 1872. A. P. 17 nov. 1896. D. 14 avril 1906. D. 2 août 1916. Prorogation.	Pâtés et terrines non truffés, extraits de viandes, viandes confites, poissons à l'huile (1), poissons conservés dénommés au tarif...............	Idem.	36 00	"	36 00		

(1) Les poissons à l'huile sont passibles, outre la taxe d'octroi de 36 francs par 100 kilogrammes édictée par l'article 30 du Tarif, de la taxe du Trésor applicable aux huiles, spécifiée à l'article 8, mais seulement dans la proportion de 20 p. 100 du poids brut des boîtes. (Lettre de la Direction générale des Contributions indirectes du 31 juillet 1874, sans numéro.)

(A) 2 décimes. (Voir page 33.)
(B) 1 décime. (Voir page 33.)

NUMÉROS DES ARTICLES.	DATES des décrets et arrêtés approuvant les droits d'octroi.	DÉSIGNATION DES OBJETS ASSUJETTIS AUX DROITS.	UNITÉ sur laquelle portent les droits.	DROITS D'OCTROI en principal.	DEUX DÉCIMES.	DROITS D'OCTROI, décimes compris. (Col. 5 et 6.)	DISPOSITIONS RÉGLEMENTAIRES.
1	2	3	4	5	6	7	8
				fr. c.	fr. c.	fr. c.	
				Suite des COMESTIBLES.			
31	D. 28 juillet 1874. D. 2 août 1916. (Prorogation.) D. 25 avril 1918.	1re catégorie. Coqs de bruyère, outardes, canepetières, faisans, perdrix, bartavelles, lagopèdes ou perdrix blanches, grouses, bécasses, bécassines, coqs de bois, gélinottes, cailles, alouettes, grives, râles de genêt, becfigues, ortolans; lots de crêtes de coq, rognons de poulet, foies d'oie et de canard.	100 kilog.	100 00	"	100 00	
32		2e catégorie. Dindes, canards domestiques, poulets, pintades, pigeons, oies sauvages, canards sauvages, canards pilets, canards milouins, canards siffleurs, rouges de rivière, sarcelles, poules d'eau, râles d'eau, pluviers, vanneaux, merles; chevreuils..........	Idem.	45 00	"	45 00	
33	D. 28 juillet 1874. D. 14 avril 1906. (D. 2 août 1916. Prorogation.) D. 25 avril 1918.	3e catégorie. Oies domestiques; lièvres, lapins de garenne; cerfs et biches, daims, chamois et isards; sangliers et marcassins; hérissons, écureuils; cochons de lait; ours, bisons; poules de prairies, macreuses, pigeons ramiers et tous gibiers ou volailles entrant dans l'alimentation, non compris dans les précédentes catégories...........	Idem.	27 00	"	27 00	
34	D. 25 avril 1918.	4e catégorie. A. Lapins domestiques dépouillés.	Idem.	18 00	"	18 00	
		B. Lapins domestiques non dépouillés et chevreaux.........	Idem.	9 00	"	9 00	

NUMÉROS DES ARTICLES	DATES des décrets et arrêtés approuvant les droits d'octroi.	DÉSIGNATION DES OBJETS ASSUJETTIS AUX DROITS.	UNITÉ sur laquelle portent les droits.	DROITS D'OCTROI en principal.	DEUX DÉCIMES.	DROITS D'OCTROI, décimes compris. (Col. 5 et 6.)		DISPOSITIONS RÉGLEMENTAIRES.
1	2	3	4	5	6	7		8
				fr. c.	fr. c.	fr. c.		
				Suite des	COMESTIBLE			
35	D. 30 déc. 1878. / Loi du 13 août 1913. / D. du 11 déc. 1915. / D. 2 août 1916. Prorogation.	Poissons d'eau douce 1re catégorie : saumons, truites de toute espèce, ombres-chevaliers, féras, écrevisses (disp^ons régl^re n° 24 ter, col. 8)......	100 kilog.	40 20	"	40 20	24 bis	Tous les poissons, crustacés et mollusques non dénommés ci-contre, à l'exception des huîtres, qui sont l'objet d'une tarification spéciale, laquelle reste en vigueur, sont affranchis de tous droits d'octroi à l'entrée de Paris. (D. du 30 décembre 1878, art. 2.)
35 bis	Idem.	Poissons de mer 1re catégorie : homards, langoustes, crevettes dites «bouquet», esturgeons, turbots, bars, barbues, soles, surmulets ou rougets-barbets, mulets (disp^on régl^re n° 24 ter, col. 8).	Idem.	30 00	"	30 00		
36	Idem.	Poissons d'eau douce 2e catégorie : sterlets, lamproies, anguilles, brochets, carpes et carpeaux, perches et goujons (disp^ons régl^res n°s 24 bis et 24 ter)....	Idem.	21 60	"	21 60	24 ter	Aucune réfaction ou remboursement ne sera accordé sur celles de ces denrées qui, après leur introduction, seraient saisies et détruites par mesure de salubrité. (D. du 30 décembre 1878, art. 3.)
37	"	(Voir page 35.)	"	"	"	"		
38	D. 23 avril 1875. / D. 2 août 1916. Prorogation.	Huîtres fraîches. — 1re catégorie. à coquilles lourdes pesant 15 kilog. et au-dessus, le cent d'huîtres..	Idem.	5 00	(A) 1 00	6 00		
39	D. 23 avril 1875. / D. 2 août 1916. Prorogation.	2e catégorie. à coquilles légères pesant moins de 15 kilogr., le cent d'huîtres....	Idem.	15 00	(A) 3 00	18 00		
40	D. 23 avril 1875. / D. 2 août 1916. Prorogation.	3e catégorie. Huîtres dites d'Ostende........	Idem.	30 00	(A) 6 00	36 00		
40 bis	D. 4 juillet 1877. / D. 2 août 1916. Prorogation.	4e catégorie. de Portugal...............	Idem.	5 00	(A) 1 00	6 00		
40 ter	D. 23 avril 1875. / A. P. 17 nov. 1896. / D. 14 avril 1906. / D. 2 août 1916. Prorogation.	Huîtres marinées, poissons conservés non dénommés au tarif à l'exception de la morue salée, du maquereau salé, du stockfish et du hareng-saur ou salé....	Idem	12 00	"	12 00		
41	D. 24 avril 1848. / D. 19 déc. 1906. / D. 2 août 1916. Prorogation.	Beurres de toute espèce, margarines, beurrines et autres produits pouvant les remplacer, non visés à d'autres articles du tarif (disp^on régl^re n° 24 ter, col. 8)....	Idem.	14 40	"	14 40		
42	D. 28 juillet 1874. / D. 2 août 1916. Prorogation.	Fromages secs....	Idem.	9 50	(A) 1 90	11 40		
43	D. 30 déc. 1878. / D. 2 août 1916. Prorogation.	Œufs (disp^on régl^re n° 24 ter, col. 8)..	Idem.	3 50	(A) 0 70	4 20		

(A) 2 décimes. (Voir page 35.)

NUMÉROS DES ARTICLES.	DATES des DÉCRETS ET ARRÊTÉS approuvant les droits d'octroi.	DÉSIGNATION DES OBJETS ASSUJETTIS AUX DROITS.	UNITÉ sur LAQUELLE portent les droits.	DROITS D'OCTROI en principal.	DEUX DÉCIMES.	DROITS D'OCTROI, décimes compris. (Col. 5 et 6.)	DISPOSITIONS RÉGLEMENTAIRES.
1	2	3	4	5	6	7	8
				fr. c.	fr. c.	fr. c.	
43 bis.	D. 25 avril 1918...	Fruits exotiques : oranges, mandarines, citrons, limons, cédrats, ananas frais ou conservés, bananes, grenades, dattes et noix de coco..............	100 kilog.	5 00	"	5 00	
		COMBUS			TIBLES.		
44	D. 3 nov. 1855. D. 2 août 1916. Prorogation.	Bois à brûler autres que ceux désignés ci-après (disp⁰⁰ régl^re n° 25. col. 8.) d'essence dure...	Stère.	2 50	(A) 0 50	3 00	25 — En cas de mélange de bois dur, de bois blanc, de menuise, la distinction cessera d'être observée, et le droit le plus élevé sera appliqué sur la totalité du chargement. (D. du 3 novembre 1855.)
		d'essence tendre.	Idem.	1 85	(A) 0 37	2 22	26 — Tout cotret de bois dur ayant plus de 66 centimètres de longueur et de 50 centimètres de circonférence, et contenant moins de quatre morceaux, est imposé au droit du bois dur. (D. du 1ᵉʳ avril 1854 et D. du 3 novembre 1855.)
45	D. 28 juillet 1874. D. 2 août 1916. Prorogation.	Cotrets de bois dur, menuise de bois dur et de bois blanc, cotrets de menuise et fagots de toute espèce (disp⁰⁰⁰ régl^res n°ˢ 25, 26, 27, 28, 29, 30, col. 8)...............	Idem.	1 50	(A) 0 30	1 80	27 — La menuise est le bois rond coupé à la longueur de 1 m. 13 cent. ayant moins de 16 centimètres de circonférence.
							28 — Les perches ayant moins de 16 centimètres de circonférence moyenne acquittent comme menuise ; de 16 à 38 centimètres, elles payent comme bois à brûler ; au-dessus de 38 centimètres, elles acquittent comme bois à ouvrer. (D. du 3 novembre 1855.)
46	D. 3 nov. 1855. D. 29 juillet 1858. D. 2 août 1916. Prorogation.	Charbon de bois, charbon artificiel et toute composition pouvant remplacer le charbon de bois (disp⁰⁰ régl^re n° 30, col. 8)...............	Hectolitre.	0 50	(A) 0 10	0 60	29 — Les fagots de toute espèce payent le droit entier. Tout parement ayant 16 centimètres de circonférence et au-dessus sera distrait du fagot et rangé pour la taxe dans la classe du bois dur ou du bois blanc ; le surplus restera imposable comme fagot. (D. du 1ᵉʳ avril 1854 et D. du 3 novembre 1855.)
							30 — Le cubage servira de base pour établir la perception sur les chargements de charbon de bois, de bois à brûler, et généralement de tous les bateaux, trains et voitures susceptibles d'être cubés. (D. du 3 novembre 1855.)
47	D. 3 nov. 1855. D. 29 juillet 1858. D. 2 août 1916. Prorogation.	Poussier de charbon de bois, tan carbonisé et toute composition pouvant remplacer le poussier de charbon de bois et ne dépassant pas sa dimension (disp⁰⁰⁰ régl^res n°ˢ 30. 31, col. 8)...	Idem.	0 25	(A) 0 05	0 30	31 — Le poussier de charbon de bois se compose de fragments ayant 3 centimètres au plus de longueur. (D. du 3 novembre 1855.)
							32 — La tourbe à l'état brut et le poussier de coke ne payent que le demi-droit. L'escarbille, les briquettes et tous les combustibles dans lesquels il entre du charbon de terre acquittent le droit entier. Il en est de même de tout résidu ou poussier de charbon de terre. (Arrêté préfectoral du 20 juillet 1883.)
48	D. 5 juillet 1865. D. 2 août 1916. Prorogation.	Anthracite, houille de toute espèce, lignite, boghead, cannel coal, tourbe carbonisée et épurée et coke (disp⁰⁰⁰ régl^res n°ˢ 32, 33, col. 8)..........	100 kilog.	0 60	(A) 0 12	0 72	33 — Les quantités de charbon de terre, de coke et de tout autre combustible contenues dans chaque bateau seront reconnues d'après le volume d'eau déplacé par le bateau. (D. du 5 juillet 1865.)

(A) 2 décimes. (Voir page 33.)

NUMÉROS DES ARTICLES.	DATES DES DÉCRETS ET ARRÊTÉS approuvant les droits d'octroi.	DÉSIGNATION DES OBJETS ASSUJETTIS AUX DROITS.	UNITÉ sur LAQUELLE portent les droits.	DROITS D'OCTROI.	DÉCIMES.	DROITS D'OCTROI, décimes compris. (Col. 5 et 6.)	DISPOSITIONS RÉGLEMENTAIRES.
1	2	3	4	5	6	7	8
				fr. c.	fr. c.	fr. c.	
		MATÉRIAUX.					
49	D. 5 juillet 1865.. / D. 2 août 1916. / Prorogation.	Chaux grasse, chaux hydraulique en pierre ou en poudre, ciments de toute espèce et mélanges contenant ces substances (disp^ons régl^res n° 34, col. 8)..	100 kilog.	1 00	(A) 0 20	1 20	34 — La chaux éteinte ou en pâte, le mortier dans lequel il entre de la chaux, la pierre à chaux et le poussier de cette pierre ne payent que le demi-droit (décret du 5 juillet 1865). *Les carreaux de ciment sont imposés comme ciment pour leur poids intégral. (Décret du 20 avril 1882.)* La taxe ci-contre n'est pas applicable à la chaux employée comme engrais, lorsque cet emploi aura été régulièrement constaté par voie d'exercice et de vérification à domicile. (Décret du 5 juillet 1865.)
50	D. 3 nov. 1855.... / D. 2 août 1916. / Prorogation. / D. 25 avril 1918.	Plâtre (disp^ons régl^res n° 35, col. 8).....	Hectolitre.	0 60	"	0 60	
51	D. 18 juillet 1874.. / D. 2 août 1916. / Prorogation.	Moellons de toute espèce et menlière de toute dimension.................	Mèt. cube.	1 00	(A) 0 20	1 20	
52	D. 18 juillet 1874. / D. 19 février 1905. / D. 14 avril 1906.. / D. 2 août 1916. / Prorogation.	Pierres de taille brutes.............	Idem.	4 20	"	4 20	35 — La pierre à plâtre et le poussier de pierre à plâtre payent à raison des sept dixièmes de leur volume (décret du 3 novembre 1855). *Les carreaux de plâtre acquittent la taxe comme plâtre ; le droit est calculé d'après le volume total. (Décret du 20 avril 1882.)*
		Pierres de taille taillées ou façonnées, pierres factices, matériaux en pierre factice, en ciment armé ou en toutes autres matières et qui ne sont pas désignés aux articles 57, 58, 59 et 60....	Idem.	4 70	"	4 70	
53	D. 3 nov. 1855... / D. 14 avril 1906..	Marbres bruts ou en tranches........	Idem.	30 00	"	30 00	36 — ....
		Marbres ouvrés ou polis.............	Idem.	33 00	"	33 00	
53 bis	D. 2 août 1916. / Prorogation.	Granits bruts.....................	Idem.	15 00	"	15 00	
		Granits ouvrés...................	Idem.	16 50	"	16 50	
54	D. 3 nov. 1855... / D. 12 juillet 1882. / D. 14 avril 1906. / D. 2 août 1916. / Prorogation.	*Fers et aciers de toutes espèces.* A T de toutes espèces, tors et à croix, à olive, à moulure, à vitrage de toutes dimensions, rainés de toutes dimensions, cornières, d'angles de toutes espèces, en U de toutes espèces; demi-ronds de 25 millimètres et au-dessus, larges plats et tôles lisses de 175 millimètres de largeur et au-dessus et d'une épaisseur minimum de 6 millimètres, creux ou tubes de toutes espèces, les tubes de tôle exceptés, tôles striées et ondulées, poitrails, solives, pièces pour combles, pièces pour ponts et passerelles, pièces pour ascenseurs et monte-charges, piliers, marches d'escalier, chasse-roues, rails de toutes espèces, coussinets, plaques tournantes.	100 kilog.	3 60	"	3 60	37 — 1° Les déclarations devront indiquer le nombre des pièces de chaque espèce, leurs dimensions et le poids total du fer et de la fonte composant chaque chargement. (Décret du 12 juillet 1882.) 2° En cas de mélange de fer et de fonte, si le mélange ne permet pas de faire la vérification par nature de métal, le tout sera imposé comme fer. (Décret du 12 juillet 1882.) 3° Les quantités arrivant par eau pourront d'un commun accord être reconnues par le volume d'eau déplacé par le bateau. (D. du 12 juil. 1882.) 4° Ne sont pas imposables les rails, coussinets et plaques tournantes en fer, acier ou fonte, des chemins de fer proprement dits, qualifiés comme tels dans les déclarations d'utilité publique et dans les actes de concession et dont la nue propriété appartient à l'État ou au département. (Décret du 12 juillet 1882.) 5° Ne sont pas imposables les pièces métalliques employées par l'Administration des Postes et des Télégraphes à l'établissement des lignes télégraphiques et téléphoniques. (Décret du 19 décembre 1906.)

(A) 2 décimes. (Voir page 33.)

NUMÉROS DES ARTICLES.	DATES DES DÉCRETS ET ARRÊTÉS approuvant les droits d'octroi.	DÉSIGNATION DES OBJETS ASSUJETTIS AUX DROITS.	UNITÉ sur LAQUELLE portent les droits.	DROITS D'OCTROI.	DISPOSITIONS RÉGLEMENTAIRES.
1	2	3	4	5	6
				fr. c.	
		Suite des MATÉRIAUX.			
54 Suite	D. 3 nov. 1855... D. 12 juillet 1882. D. 14 avril 1906.. D. 2 août 1916. Prorogation.	*Fonte.* (37) Ancres, appareils à tubes, archivoltes, arrêts de portes, auges de malaxeurs, autels........................ Bagues pour barreaux de rampes, bagues pour barreaux de grilles, balcons de croisées, baldaquins, balustrades de toutes espèces, balustres, bornes à scellement, barillets, barres d'appui, bases pour barreaux de rampes, bases pour barreaux de grilles, bases pour colonnes, bases pour pilastres, bassins de fontaines, battements de portes, boisseaux, boîtes hydrauliques, bornes unies et ornées, bornes-fontaines, bouches de calorifères, bouches à clefs, bouches de chargement de fours à coke, bouches de fours, bouchons de fourneaux, boules de cloches, boules de rampes unies et ornées......... Cadres de trémies, candélabres de ville, caniveaux, cariatides, cercles de cloches, chaires à prêcher, chambranles de cheminées, chapiteaux de toutes espèces, chasse-roues, châssis de toutes espèces, chéneaux, clapets de sûreté, cloches rondes et longues, colonnes de toutes espèces, consoles de toutes espèces, coudes de tuyères, coudes de tous diamètres, couronnements de portes et de cheminées, coussinets, crapaudines, crémaillères, croisées à vitraux, croix de tous diamètres, culottes d'articulation, cuves de régulateurs, cuvettes de chéneaux, cuvettes d'égouts, cuvettes d'urinoirs, cuvettes de plombs, cuvettes à bascule, cylindres ordinaires de fumisterie, cylindres ellipsoïdes......................	100 kil.	2 40	Voir la disposition n° 37 d'autre part.

NUMÉROS DES ARTICLES.	DATES DES DÉCRETS ET ARRÊTÉS approuvant les droits d'octroi.	DÉSIGNATION DES OBJETS ASSUJETTIS AUX DROITS.	UNITÉ sur LAQUELLE portent les droits.	DROITS D'OCTROI.	DISPOSITIONS RÉGLEMENTAIRES.
1	2	3	4	5	6
				fr. c.	
				Suite des	MATÉRIAUX.
54 Suite.	D. 3 nov. 1855... D. 12 juillet 1882. D. 14 avril 1906.. D. 2 août 1916. Prorogation.	*Fonte.* (Suite.) [37] Dauphins, décrotteurs à scellement, dessus de portes, devantures de cloches, disques de trémies.............. Embases de cheminées, embases de colonnes, embases carrées et rondes, embases de jeux d'orgues, embases de condenseurs, encorbellements de trottoirs, entourages de tombes, entre-deux de grilles, entretoises de buk-stear, escaliers, éviers........... Faisceaux-colonnes pour grilles, flasques de galets, fleurons, foyers de cloches, foyers de cheminées, frises de toutes espèces, fuseaux de rampes, fûts d'articulations............... Garde-corps de ponts, gargouilles, garnitures de rampes de toutes espèces, glands, glissières de registres, grilles d'entourage et de clôture de toutes espèces, grilles-mosaïques à scellement, grilles d'égout à scellement... Impostes, intérieurs de cheminées..... Jets d'eau pour portes et croisées...... Lambrequins, lances unies et ornées, linteaux, lucarnes.............. Mains-courantes pour balcons, manchons, mangeoires à scellement, marches d'escalier, mascarons d'applique, moulures.................... Obturateurs hydrauliques, ornements funéraires à scellement, ornements de grilles, ornements religieux à scellement.....................	100 kilog.	2 40	Voir la disposition n° 37 d'autre part

NUMÉROS DES ARTICLES.	DATES DES DÉCRETS ET ARRÊTÉS approuvant les droits d'octroi.	DÉSIGNATION DES OBJETS ASSUJETTIS AUX DROITS.	UNITÉ sur LAQUELLE portent les droits.	DROITS D'OCTROI.	DISPOSITIONS RÉGLEMENTAIRES.
1	2	3	4	5	6
				fr. c.	
				Suite des	MATÉRIAUX
54 Suite	D. 3 nov. 1855... D. 12 juillet 1882. D. 14 avril 1906.. (D. 2 août 1916.) Prorogation.	*Fonte.* (Suite.) [37] Palmettes d'applique, panneaux de portes, patins de guides, pavois, pentures de portes, pièces pour ascenseurs et monte-charges, foyers et pièces pour calorifères fixes, pièces pour ponts et passerelles, piédestaux d'articulation, pilastres, pipes, pitons de rampes, plaques tournantes, plaques pleines, plaques de parquet, plaques ornées et autres de toutes espèces, plongeurs, pommes de pin, pommes de rampes ornées, pommes de rampes boules, pommes de poteaux de stalles d'écurie, pompes à scellement, ponts, porte-galeis, portes de cendriers et autres de toutes espèces, portes de foyers, poteaux d'affiches, poteaux pour stalles d'écurie, pots de fourneaux, presse-étoupes d'articulations . . . . Quilles de faîtage. . . . . Raccords de canalisation, rampes d'escalier, râteliers, regards d'égouts, regards de trottoirs et autres de toutes espèces, registres de fumisterie, réservoirs de chasse, robinets, rosaces de toutes espèces. . . . . Sabliers d'applique, scellements de balcons, siphons, sommiers de foyers, supports de chemins de roulement, supports de grilles. . . . . Tabliers de grilles, tampons de regards, tampons de bouches à clefs, têtes de cornues, têtes de pipes, traverses, trémies, tronçons de guides, tubulures de tous diamètres, tuyaux de descente d'eau, tuyaux T, tuyaux de tous diamètres et de toutes espèces, tympes marâtres pour barreaux ronds. . . . . Urinoirs, urnes à scellement. . . . . Vannes ou valves, vannes hydrauliques, vasques, ventouses.	100 kilog.	2 40	Voir la disposition n° 37 d'autre part. 38 . . . . 39 . . . .

NUMÉROS DES ARTICLES.	DATES DES DÉCRETS ET ARRÊTÉS approuvant les droits d'octroi.	DÉSIGNATION DES OBJETS ASSUJETTIS AUX DROITS.	UNITÉ sur LAQUELLE portent les droits.	DROITS D'OCTROI.	DÉ-CIMES.	DROITS D'OCTROI, décimes compris. (Col. 5 et 6.)	DISPOSITIONS RÉGLEMENTAIRES.
1	2	3	4	5	6	7	8
				fr. c.	fr. c.	fr. c.	
				Suite des		**MATÉRIAUX.**	
54 bis.	D. 19 déc. 1906.. D. 2 août 1916. Prorogation.	*Zinc.* — Tuyaux soudés de 40 m/m et au-dessus, gouttières, couvre-joints, faîtages, arêtiers, bandes de solins, bandes de rive, bandes à rabattre, bandes à cheval, coulisseaux, membrons, couvre-socles, devant de socles, coudes, cuvettes, galeries, lambrequins, poinçons, lucarnes, chatières, tuiles, cheneaux, bagues, marches. En feuilles de 0 m/m 50 d'épaisseur et au-dessus.	100 kilog.	3 60	"	3 60	
		Plomb. — Siphons et tuyaux en plomb ou en alliages à base de plomb d'un diamètre intérieur de 6 m/m et au-dessus. En tables ou en feuilles de 0 m/m 50 d'épaisseur et au-dessus..........					
55 et 56	D. 14 avril 1906.. D. 2 août 1916. Prorogation.	Ardoises pour couverture...........	Idem.	1 30	"	1 36	40 .... 41 ....
57	D. 20 avril 1882. D. 19 février 1905. D. 2 août 1916. Prorogation.	Briques pleines de toutes matières (disp^ons régl^res n°s 42, 43, 44, col. 8).	Idem.	0 30	"	, 0 30	42 Les briques, tuiles, carreaux, pots creux, mitres, tuyaux et poteries de toute espèce non cuits acquittent le droit entier. (Décret du 3 novembre 1855.)
58	D. 20 avril 1882. D. 19 février 1905. D. 2 août 1916. Prorogation.	Briques creuses et tuiles de toutes matières (disp^ons régl^res n°s 42, 43, 44, col. 8)...................	Idem.	0 30	"	0 36	43 Les briques, tuiles et carreaux cassés ne payent que le demi-droit. (Décret du 3 novembre 1855.)
59	D. 20 avril 1882. D. 19 février 1905. D. 2 août 1916. Prorogation.	Carreaux, panneaux et dalles artificiels de toutes matières autres que ceux désignés à d'autres articles du tarif (disp^ons régl^res n°s 42, 43, 44, col. 8).	Idem.	0 60	"	0 60	
60	D. 20 avril 1882. D. 19 février 1905. D. 2 août 1916. Prorogation.	Pots creux, mitres, tuyaux non métalliques et poteries de toute espèce et de toutes matières employées dans les constructions immobilières (disp^ons régl^res n°s 42, 44, col. 8).........	Idem.	0 60	"	0 60	44 Les briques et autres terres cuites pulvérisées, ainsi que les pouzzolanes ne contenant pas de chaux, sont exemptes des droits. (Décret du 3 novembre 1855.)
61	D. 20 avril 1882. D. 2 août 1916. Prorogation.	Carreaux et panneaux de faïence......	Idem..	2 70	"	2 70	
62	D. 28 juillet 1874. D. 2 août 1916. Prorogation.	Argile, terre glaise et sable gras......	Mèt. cube.	1 50	(A) 0 30	1 80	

(A) 2 décimes. (Voir page 33.)

NUMÉROS DES ARTICLES.	DATES DES DÉCRETS, ET ARRÊTÉS approuvant les droits d'octroi.	DÉSIGNATION DES OBJETS ASSUJETTIS AUX DROITS.	UNITÉ sur LAQUELLE portent les droits.	DROITS D'OCTROI en principal.	DEUX DÉCIMES.	DROITS D'OCTROI, décimes compris. (Col. 5 et 6.)	DISPOSITIONS RÉGLEMENTAIRES.
1	2	3	4	5	6	7	8
					fr. c.	fr. c.	
		BOIS BRUTS			**BOIS FAÇONNÉS.**		
63	D. 3 nov. 1855. D. 14 avril 1906.. (D. 2 août 1916. Prorogation.)	Bois de chêne, châtaignier, orme, frêne, charme, noyer, merisier, acacia, érable, prunier, pommier et autres bois *d'essence dure*, en grume ou équarris, débités en sciage ou en fente (disp^{ons} régl^{res} n°s 45, 46, 48, col. 8).....	Stère.	11 28	//	11 28	45 Dans l'application du droit, il est fait déduction de l'écorce.
		Bois de mêmes essences, ouvrés ou façonnés (disp^{ons} régl^{res} n°s 46, 47, 48, col. 8)..................	Idem.	13 30	//	13 30	46 Il est accordé sur les longueurs, et suivant l'étendue du mal, pour malandres visibles et palpables, nœuds pourris et vermoulus, une déduction qui ne pourra excéder un mètre. (Déc. du 3 nov. 1855.)
64	D. 3 nov. 1855. D. 14 avril 1906.. (D. 2 août 1916. Prorogation.)	Bois de sapin, platane, peuplier, bouleau, aune, tilleul, saule, marronnier et autres bois *d'essence tendre*, en grume ou équarris, débités en sciage ou en fente (disp^{ons} régl^{res} n°s 45, 46, 48, col. 8)........	Idem,	9 00	//	9 00	47 Les bois (façonnés) qui, par leur forme ou leur volume, offriraient des difficultés de mesurage, seront imposés dans la proportion de 900 kilogrammes pour un stère de bois dur, et de 600 kilogrammes pour un stère de bois blanc. Le placage en feuilles n'est pas imposé. (Décret du 14 avril 1906.)
		Bois de mêmes essences ouvrés ou façonnés (disp^{ons} régl^{res} n°s 46, 47, 48, col. 8)..................	Idem.	10 45	//	10 45	48 Les bois de démolition ou autres ayant servi acquittent les mêmes droits que les bois neufs, sous déduction des défectuosités qu'ils présenteront. Lorsque ces bois seront reconnus ne pouvoir être employés comme bois de travail, ils seront imposés comme bois de chauffage, suivant leur nature. (Décret du 3 nov. 1855.)
65	D. 3 nov. 1855... (D. 2 août 1916. Prorogation.)	Lattes et treillages (disp^{on} régl^{re} n° 49, col. 8).......................	100 bottes	9 40	(A) 1 88	11 28	49 La botte de lattes se compose de 50 lattes de 1 m. 30 cent. de longueur et de 5 centimètres de largeur ; la botte de treillage contient 70 mètres de longueur de treillage. Au-dessus de ces nombres et dimensions, le droit est proportionnel. (Déc. du 3 nov. 1855.)
66	....	Voir page 35................	//	//	//	//	50 ....
67	....	Idem..	//	//	//	//	
68	D. 3 nov. 1855. D. 14 avril 1906.. (D. 2 août 1916. Prorogation.)	Bois de déchirage en chêne.........	Mèt. carré.	0 216	//	0 216	
69		Bois de déchirage en sapin	Idem.	0 12	//	0 12	
		FOUR-			**RAGES.**		
70	D. 3 nov. 1855. D. 14 avril 1906.. (D. 2 août 1916.) Prorogation.	Foin, sainfoin, luzerne, laiches, rouches et autres herbes sèches (disp^{on} régl^{re} n° 54, col. 8)....................	100 kilog.	1 20	//	1 20	51 ....
71		Paille (disp^{ons} régl^{res} n°s 54, 55, col. 8).	Idem.	0 48	//	0 48	52 .... 53 .... 54 Les foins et fourrages verts sont exempts du droit. (D. du 3 novembre 1855.)
72	D. 3 nov. 1855... (D. 2 août 1916. Prorogation.)	Avoine (disp^{ons} régl^{res} n°s 55, 56, col. 8).	Idem.	1 25	(A) 0 25	1 50	55 L'avoine et l'orge en gerbes acquittent séparément pour la quantité de grain et de paille. (D. du 3 novembre 1855.)
73	D. 3 nov. 1855... (D. 2 août 1916. Prorogation.)	Orge (Disp^{ons} régl^{res} n°s 55, 56, col. 8).	Idem.	1 60	(A) 0 32	1 92	56 Les avoines et orges moulues acquittent comme en grain. L'orge moulé est exempt du droit. (D. du 3 novembre 1855.)
73bis	D. 14 juin 1892.. (D. 2 août 1916. Prorogation.)	Maïs en grains, maïs concassé, maïs en tourteaux....................	Idem.	1 50	//	1 50	

(A) 2 décimes. (Voir page 33.)

NUMÉROS des articles.	DATES des décrets et arrêtés approuvant les droits d'octroi.	DÉSIGNATION DES OBJETS assujettis aux droits.	UNITÉ sur laquelle portent les droits.	DROITS d'octroi.	DÉCIMES.	DROITS d'octroi, décimes compris. (Col. 5 et 6.)	DISPOSITIONS RÉGLEMENTAIRES.
1	2	3	4	5	6	7	8
				fr. c.	fr. c.	fr. c.	
				FOURRAGES.			
73ter	D. 14 avril 1906.. (D. 2 mai 1911.) D. 2 août 1916. Prorogation.	Tourteaux et résidus solides provenant du traitement industriel des substances amylacées et oléagineuses; sons et recoupes; fèves, féveroles, vesces, sarrasin, caroubes, dari, sorgho, sous tous leurs états; riz non décortiqué (disp⁰ⁿ régl⁽ᵉ n° 56 *bis*, col. 8)	100 kilog.	1 50	*//	1 50	**56 bis.** Les tourteaux de graines oléagineuses contenant de l'huile sont passibles, indépendamment de la taxe ci-contre sur le poids de ces tourteaux évalué à l'état sec, de la taxe de l'huile prévue à la disposition réglementaire n° 16. (Décret du 14 avril 1906.)
				OBJETS DIVERS.			
74	D. 3 nov. 1855... D. 2 août 1916. Prorogation.	Sel gris ou blanc (disp⁰ⁿˢ régl⁽ᵉˢ n°ˢ 57, 58, col. 8)	100 ilog.	5 00	(A) 1 00	6 00	**57** Les eaux salées payent le droit dans la proportion du sel qu'elles contiennent. (D. du 3 novembre 1855.) **58** La taxe établie sur les sels, à l'Octroi de Paris, ne sera pas applicable aux sels dont la dénaturation aura lieu dans les fabrications industrielles, lorsque cet emploi, constaté par l'Administration des douanes, aura motivé une décharge régulière de ce produit, en ce qui concerne les droits du Trésor. (D. du 13 octobre 1846.) **59** Les lils de cire jaune ne sont soumis qu'au demi-droit. (D. du 3 novembre 1855.)
75	D. 28 juillet 1874.. D. 2 août 1916. Prorogation.	Cire blanche, spermaceti raffiné et pressé; cire jaune (disp⁰ⁿ régl⁽ᵉ n° 59, col. 8)	Idem.	35 00	(A) 7 00	42 00	
76	D. 28 juillet 1874.. D. 2 août 1916. Prorogation.	Bougie stéarique, acides stéariques et margariques, et autres substances pouvant remplacer la cire, telles que la paraffine, etc., spermaceti brut....	Idem.	20 00	(A) 4 00	24 00	
77	D. 28 juillet 1874.. D. 2 août 1916. Prorogation.	Suifs de toute espèce, bruts ou fondus sous toute forme, vieux oings et graisses de toute espèce non comestibles, venant de l'extérieur, sortant des abattoirs ou des suifferies et fondoirs particuliers (disp⁰ⁿ régl⁽ᵉ n° 60, col. 8).	Idem.	10 00	(A) 2 00	12 00	**60** Les suifs et graisses mélangés de toute autre substance (non prévue au tarif), les chandelles, torches et lampions composés des mêmes mélanges, acquittent comme suif.
78	D. 5 juillet 1865.. D. 2 août 1916. Prorogation.	Asphalte, bitume, brai de toute sorte, goudrons naturels ou artificiels non imposables comme essences ou comme goudrons liquides, et résidus non imposables comme essences provenant de la houille, du gaz et de toutes autres matières organiques.	Idem.	0 60	(A) 0 12	0 72	
79	D. 14 avril 1897.. D. 2 août 1916. Prorogation.	Mousse de tourbe	Idem.	0 48	*//	0 48	
80	D. 14 avril 1906.. D. 2 août 1916. Prorogation.	Carbure de calcium (disp⁰ⁿ régl⁽ᵉ n° 61, col. 8)	Idem.	5 00	*//	5 00	**61** La taxe du carbure de calcium est applicable à l'acétylène présenté en quelque état que ce soit; le droit est calculé à raison de 100 kilogrammes de carbure de calcium pour 30 mètres cubes d'acétylène. (D. 19 décembre 1906.)
81	D. 25 avril 1918..	Savons de parfumerie	Idem.	24 00	*//	24 00	

(A) 2 décimes. (Voir page 35.)

DROIT FIXE

PERÇU PAR TÊTE DE BÉTAIL,

EN VERTU DE L'ORDONNANCE ROYALE DU 23 DÉCEMBRE 1846.

Par bœuf.. 53ᶜ

— vache.. 35

— veau 11

— mouton, bouc ou chèvre................................. 4

— porc 14

ESCORTES ET PLOMBS.

L'indemnité due pour le service d'escorte des chargements est de *trois francs* par voiture pour les tranports par terre et de *quatre francs* par bateau ou train flottant (art. 44 du Décret du 19 décembre 1859 et 1ᵉʳ du Décret du 23 août 1911.)

Le coût du plomb, y compris la ficelle, est fixé à *quinze centimes* (art. 15 de l'ordonnance du 28 décembre 1825.)

DISPOSITIONS GÉNÉRALES.

N° 1. — Sont passibles des droits d'octroi tous les objets compris au présent tarif, récoltés, préparés ou fabriqués dans l'intérieur de Paris, conformément à l'article 11 de la loi du 27 frimaire an VIII et à l'article 36 de l'ordonnance royale du 9 décembre 1814. Les droits d'octroi qui auraient été acquittés sur les matières employées dans les préparations ou fabrications, et dont le payement serait régulièrement justifié, seront précomptés sur les droits dus par les nouveaux produits confectionnés, mais sans que ce décompte puisse jamais donner lieu à remboursement d'aucune portion des droits payés à l'entrée, dans le cas où ils se trouveraient excéder ceux des nouveaux produits. (Décret du 3 novembre 1855.)

N° 2. — Tout mélange d'objets imposés avec des objets non compris au tarif ou d'objets assujettis à des droits différents donne lieu, dans le premier cas, au payement du droit sur le tout; dans le second cas, à l'application, également sur le tout, du droit le plus élevé, sans préjudice de la saisie pour non-déclaration de ces mélanges. (Décret du 3 novembre 1855.)

N° 3. — Pour tous les objets tarifés au poids, il est fait déduction de la tare des tonneaux, caisses, paniers ou vases qui les contiennent. (Décret du 3 novembre 1855.)

SURTAXE, DÉCIMES ET TAXES PROROGEABLES.

(A) Les taxes marquées de la lettre A (art. 9, 10, 14, 21, 29, 31, 32, 38, 39, 40, 40 *bis*, 42, 43, 44, 45, 46, 47, 48, 49, 50, 51, 62, 65, 72, 73, 74, 75, 76, 77 et 78) sont passibles : 1° du décime par franc qui, établi par l'Ordonnance du 16 août 1815, a été maintenu sans limitation de durée par l'arrêté du Gouvernement du 17 juin 1848; et 2° d'un second décime par franc établi par ledit arrêté et prorogé en dernier lieu, jusqu'au 31 décembre 1921, par le décret du 2 août 1916.

Ce dernier décret a prorogé, en outre, jusqu'au 31 décembre 1921 les taxes afférentes aux objets compris aux articles 10 *bis*, 11 *bis*, 18, 19, 19 *bis*, 20, 20 *bis*, 30, 33, 34, 35, 35 *bis*, 36, 40 *ter*, 41, 52, 53, 53 *bis*, 54, 54 *bis*, 55 et 56, 57, 58, 59, 60, 61, 63, 64, 68, 69, 70, 71, 73 *bis*, 73 *ter*, 79 et 80.

(B) Les taxes marquées de la lettre B (ar. 17, 22, 23, 25, 26 et 27) sont surmontées seulement du décime par franc établi par l'Ordonnance du 16 août 1815 et maintenu indéfiniment par l'arrêté du Gouvernement du 17 juin 1848 précité.

Les droits d'octroi de Banlieue se trouvent supprimés par la loi du 22 février 1918.

Pour extrait conforme :

Les Membres du Conseil d'administration de l'Octroi de Paris.

Le Directeur des droits d'entrée et d'octroi de Paris,
Président,

CH. QUENNEC.

Les Régisseurs :
J. MILLET, BUISSON, M. MASSON.

NUMÉROS des ARTICLES.	ARTICLES DU TARIF SUPPRIMÉS.
1	Vins en cercles et en bouteilles. — *Droits supprimés* depuis le 1er janvier 1901. (Entrée, loi du 29 décembre 1900, et, Octroi, arrêté préfectoral du 31 décembre 1900.)
3	Vins *en bouteilles.* — Article qui avait été réuni à celui « Vins en cercles ». (Loi du 19 juillet 1880.)
4	Alcool contenu dans les liqueurs, les fruits à l'eau-de-vie et les eaux-de-vie *en bouteilles.* — Article réuni à celui « Alcools en cercles ». (Loi du 19 juillet 1880.)
5	Absinthe en cercles et en bouteilles. *Volume total.* — Article réuni à celui « Alcools en cercles ». (Loi du 19 juillet 1880.)
6	Cidres, poirés et hydromels. — *Droits supprimés* depuis le 1er janvier 1901. (Entrée, loi du 29 décembre 1900, et, Octroi, arrêté préfectoral du 31 décembre 1900.)
7	Alcool pur contenu dans les préparations dites *alcools dénaturés.* — *Droits supprimés* depuis le 1er janvier 1901. (Dénaturation, loi du 29 décembre 1900, et, Octroi, arrêté préfectoral du 31 décembre 1900.)
11	Ancien article « Vinaigre » réuni à l'article 9 « Acide acétique ». (Décret du 7 mars 1878.)
12	Bière dont la pesanteur spécifique originelle est supérieure à 3°3 au-dessus de l'eau. — *Droits supprimés* depuis le 1er janvier 1901. (Arrêté préfectoral du 31 décembre 1900.)
13	Moûts ayant une densité supérieure à 3°3 jusqu'à 7°5. — *Droits supprimés* depuis le 1er janvier 1901. (Arrêté préfectoral du 31 décembre 1900.)
13 *bis*	Moûts ayant une densité supérieure à 7°5. — *Droits supprimés* depuis le 1er janvier 1901. (Arrêté préfectoral du 31 décembre 1900.)
15	Huile d'olive. — Droit d'octroi ramené à celui des autres huiles végétales à partir du 1er janvier 1915. (Art. 17 de la loi de finances du 30 juillet 1913.)
24	Abats et issues de veau. — *Droits supprimés* depuis le 1er janvier 1883. (Arrêté préfectoral du 30 décembre 1882.)
28	Abats et issues de porc. — *Droits supprimés* depuis le 1er janvier 1883. (Arrêté préfectoral du 30 décembre 1882.)
37	Poissons communs. — *Droits supprimés* depuis le 1er janvier 1879. (Décret du 30 décembre 1878.)
43 *bis*	Oranges, citrons et limons. — Taxe appliquée du *19 janvier au 31 décembre 1901.* (Décret du 16 janvier 1901.) — Article rétabli pour les fruits exotiques par le Décret du 25 avril 1918.
66	Bateaux en chêne. — Article devenu sans objet (voir l'article 68). [Décret du 14 avril 1906.]
67	Bateaux en sapin. — Article devenu sans objet (voir l'article 69). [Décret du 14 avril 1906.]

INDEX ALPHABÉTIQUE.

DÉSIGNATION des OBJETS ASSUJETTIS.	NUMÉROS des articles.	NUMÉROS des dispositions réglementaires.	PAGES.
D.			
Dalles artificielles....	59	......	26
Dari	73 *ter*	......	30
Dattes...........	43 *bis*	......	16
Dégras.........	19	......	8
E.			
Eaux salées........	......	57	31
Eaux de senteur.....	......	5	3
Escarbilles.........	......	32	17
Essences minérales...	17	......	8
Essences végétales....	20	......	8
Extraits de viande....	30	......	10
F.			
Fagots de toute espèce.	45	......	16
Fèces............	19	......	8
Fers............	54	......	18
Féveroles.........	73 *ter*	......	30
Fèves...........	73 *ter*	......	30
Filés de cire jaune...	......	59	31
Foies d'oies et de canards	31	......	12
Foies de veaux......	......	23	11
Foin............	70	......	28
Fonte...........	54	......	20-22-24
Fromages secs.......	42	......	14
Fruits à l'huile......	15	......	6
Fruits au vinaigre....	10	......	4
Fruits exotiques.....	43 *bis*	......	16
G.			
Gibier frais........	31-32-33	......	12
Gibier truffé........	29	......	10
Goudrons..........	21-78	......	8-30
Graines oléagineuses..	......	15	7
Graisse comestible....	25	......	10
Graisse non comestible.	77	......	30
Granits...........	53 *bis*	......	18
Gras de porc........	25	......	10
Grenades	43 *bis*	......	16

DÉSIGNATION des OBJETS ASSUJETTIS.	NUMÉROS des articles.	NUMÉROS des dispositions réglementaires.	PAGES.
H.			
Herbes sèches.......	70	......	28
Hièble en fruits ou en jus..........	10	......	4
Houille de toute espèce	48	......	16
Huiles animales......	8-16	......	2-6
Huiles d'olives.......	8-16	......	2-6
Huiles minérales......	17	......	8
Huiles parfumées de toute espèce......	8-15	......	2-6
Huiles végétales......	8-16	......	2-6
Huitres fraîches......	38-39-40 et 40 *bis*	......	14
Huitres marinées.....	40 *ter*	......	14
J.			
Jambons..........	27	......	10
L.			
Luiches...........	70	......	28
Langues de bœufs ou de vaches.........	......	23	11
Lapins domestiques dépouillés..........	34 A	......	12
Lapins domestiques non dépouillés.........	34 B	......	12
Lards salés.........	26	......	10
Lattes...........	65	......	28
Lies liquides ou épaisses	10	......	4
Lignite...........	48	......	16
Limons...........	43 *bis*	......	16
Liquides assimilables à l'essence autres que ceux prévus aux articles 17 et 20.....	20 *bis*	......	8
Luzerne..........	70	......	28
M.			
Maïs en grains concassé ou en tourteaux.	73 *bis*	......	28
Mandarines.........	43 *bis*	......	16
Marbres..........	53	......	18

IMPRIMERIE NATIONALE. — 315-646 B.-1919. [9237]

www.ingramcontent.com/pod-product-compliance
Ingram Content Group UK Ltd.
Pitfield, Milton Keynes, MK11 3LW, UK
UKHW021031220726
13924UKWH00001B/237